DES JOURNAUX
A PRIME,
ET
DES JOURNAUX
SANS PRIME;

PAR M. H. M...,

AUTEUR DE LA POLITIQUE RÉDUITE A UN SEUL PRINCIPE, ET
DE L'ÉCHOGRAPHIE OU STÉNOGRAPHIE POLYGLOTTE.

PRIX : 5o centimes.

A PARIS,

Chez C. J. TROUVÉ, imprimeur-libraire, rue Neuve-Saint-
Augustin, n. 17.
PÉLICIER, libraire, Place du Palais-Royal, où l'on trouvera
les autres ouvrages de l'auteur.

1823.

DES JOURNAUX
A PRIME,
ET
DES JOURNAUX
SANS PRIME;

PAR M. H. M...,

AUTEUR DE LA POLITIQUE RÉDUITE A UN SEUL PRINCIPE, ET
DE L'ÉCHOGRAPHIE OU STÉNOGRAPHIE POLYGLOTTE.

PRIX : 5o centimes.

A PARIS,

Chez C. J. TROUVÉ, imprimeur-libraire, rue Neuve-Saint-Augustin, n. 17.
PÉLICIER, libraire, Place du Palais-Royal, où l'on trouvera les autres ouvrages de l'auteur.

1823.

DES JOURNAUX
A PRIME,
ET
DES JOURNAUX
SANS PRIME.

Le mot prime a plusieurs acceptions : celle qui est la plus familière présente l'idée d'un prix d'encouragement ou d'un prix d'assurance. Le verbe primer signifie tenir la première place, avoir l'avantage sur les autres, surpasser et devancer.

Le système de prime dont je vais parler, participe, à mes yeux, des acceptions ordinaires du mot prime et de celles du verbe primer.

Il doit participer aux avantages qu'admet le verbe primer, par la prééminence des moyens qu'il fournit, sur ceux employés jusqu'à ce jour, pour assurer le bien résultant de la liberté de la presse contre le mal toujours trop sensible qui résulte de la licence de la presse.

Il doit participer aux avantages que promet le mot prime, en ce qu'il a pour but d'imposer, pour régulateur, aux écrivains leur intérêt particulier combiné avec l'intérêt général; et cela par l'appât d'une prime.

Un écrivain financier, en parlant des marchés libres ou à prime, usités à la Bourse par les spéculateurs, fait remarquer qu'ils sont de la plus heureuse invention, en ce qu'ils les mettent à même de limiter leurs pertes, tandis que leurs bénéfices ne le sont pas.

Puisse le systême de prime que je présente, être agréé par les gouvernemens qui, pour assurer leur tranquillité, seront disposés à lui faire un sacrifice limité! Puisse-t-on, après en avoir fait l'essai, remarquer qu'il est aussi d'une heureuse invention! Ce ne serait pas le premier exemple que des idées financières fussent susceptibles de devenir des moyens précieux en matière de gouvernement.

On peut faire l'application du système des primes aux journaux de plusieurs manières : je réserve à la discussion le soin de les comparer et de faire ressortir celle qui paraîtra la plus convenable. Je vais en développer une que je ne présente pas comme la plus parfaite, mais seulement comme pouvant servir de base à la recherche du meilleur systême d'application des primes aux journaux, et comme propre à mettre sur la voie pour introduire les modifications dont cette application est susceptible.

Il ne s'agira ici que des journaux français.

Je divise tous les journaux en deux classes : la première se composera des journaux à prime, et la deuxième des journaux sans prime. Pour obtenir et régler cette classification, je propose :

1° De porter, tant à Paris que dans les départemens, le timbre des journaux à 25 centimes par feuille, au lieu de 4 centimes qu'ils ont payés jusqu'à ce moment. L'augmentation du timbre s'appliquerait aux journaux politiques ou littéraires, quotidiens, hebdomadaires, périodiques, sémi-périodiques et irréguliers.

2° D'autoriser le gouvernement à prélever, sur le produit de cet impôt, 20 centimes par feuille, dont partie serait appliquée à faire la remise de 20 centimes par feuille, à titre de *prime* d'encouragement, aux journaux qui n'auraient encouru aucune condamnation judiciaire, soit à raison de leur tendance hostile, soit à raison des articles qui les auraient motivées; et cela depuis la promulgation des dernières lois sur la presse, ou à dater du courant de la session de 1823; l'autre partie disponible des 20 centimes, provenant des journaux judiciairement privés de *primes*, serait applicable à l'encouragement des écoles primaires et chrétiennes.

3° Les journaux privés de *primes* d'encouragement par le fait de condamnations judiciaires, pourront être rétablis dans la jouissance de la *prime*, par l'effet de la grâce partielle qu'ils auraient obtenue du Roi, spécialement relative à ladite *prime*, ce qui ne les dispenserait pas, conséquemment, de subir les peines auxquelles ils auraient été condamnés par les tribunaux compétens, à moins, toutefois, que le Roi ne leur eût accordé une grâce entière (ainsi que cela vient d'avoir lieu à l'égard du sieur Faucillon, ex-éditeur du Journal du Commerce).

4° Les Cours royales jugeraient les journaux sur

les faits et sur leur tendance, ainsi que cela se pratique déjà; la Chambre des Pairs, sur le rapport de sa Commission de la liberté de la presse, jugerait les journaux sur leur tendance seulement, concurremment avec les Cours royales : il ne pourrait en résulter d'autres peines que celle de la suppression de la *prime*.

5° La peine de la suppression de la *prime* serait d'un an au moins, et graduée selon le délit.

6° Si tous les journaux de l'opposition avaient encouru la suppression de la *prime*, et que cette suppression les mît hors d'état de continuer à paraître, le gouvernement devra autoriser de suite l'entreprise d'un nouveau journal d'opposition, pour que l'opposition ne fût pas privée de ses organes, et afin de se conformer à l'esprit du gouvernement représentatif.

Par nouveau journal, j'entends un journal qui n'aurait ni le même titre ni les mêmes entrepreneurs que les journaux condamnés judiciairement.

———

Le premier effet de la légalisation des articles ci-dessus, sauf quelques modifications à y faire, serait de forcer les journaux sans prime à doubler le prix de leurs abonnemens, tandis que les journaux à prime pourraient maintenir leurs prix actuels, à raison de la prime de 20 centimes par feuille qu'ils obtiendraient de la loi et du gouvernement, à titre de prime d'encouragement. Les autres effets seraient nombreux : ils tendraient généralement à l'amélioration de l'esprit public et à la stabilité politique ; car après la force, rien n'est favorable à la stabilité comme la justice.

Quelle que soit la loi à rendre à ce sujet, je pense qu'elle devrait être temporaire, afin de pouvoir en juger l'effet par l'expérience, et pour se ménager au besoin la faculté de la perfectionner en la modifiant.

L'insuffisance des lois répressives des abus de la presse est prouvée par les faits : quelques condamnations personnelles n'empêchent pas chaque jour, et depuis trop long-temps, les journaux révolutionnaires de distiller dans leurs feuilles les poisons de la calomnie, du sophisme, de l'athéisme, de l'irréligion, etc. Tant qu'il y aura de l'argent à gagner à ce métier, il se trouvera des écrivains faméliques pour l'exploiter : quelques-uns de ceux qui l'exercent ne le considèrent que comme un genre d'industrie que leur intérêt est d'étendre le plus possible, autant que des droits sensibles n'y mettront point d'obstacle; ils fabriquent de l'opposition, comme l'on fabrique des poisons quand on trouve des acheteurs pour les payer, parce qu'ils espèrent en faire un usage avantageux. C'est au gouvernement à avoir l'œil sur ce genre d'industrie, et à le maintenir par des lois appropriées dans des limites telles qu'il ne puisse devenir nuisible et révolutionnaire.

L'influence moderne des journalistes peut se comparer à celle qu'avait autrefois le clergé ; mais quelle différence entre *certains prédicateurs de la politique* et ceux de la religion! et combien ces derniers, modèles de vertus et de désintéressement, méritaient-ils la préférence sur les premiers, qui sont en général vicieux et intéressés! D'ailleurs, moitié par honte, moitié par intérêt, ils se cachent habituellement sous le voile officieux de l'anonyme, qui empêche leurs crédules lecteurs de s'apercevoir de quelle source impure sortent les articles perfides dont ils repaissent leurs esprits égarés ; ils accueillent aveuglément les écrits de journalistes qu'ils auraient pour le moins à rougir de recevoir personnellement dans leur intimité de famille.

On m'objectera que le gouvernement a, dans la censure, une ressource assurée contre les abus de la presse; je répondrai à cela que les abus de la censure font désirer qu'on adopte un système de répression ou mieux encore de prévention, qui garantisse la société, et des abus de la presse, et de ceux de la censure; je pense que cela n'est pas impossible, et j'en appelle à l'application des primes aux journaux. C'est moins aux lois répressives que l'on doit s'attacher qu'à des lois préventives qui puissent dispenser de recourir à la censure. Les inconvéniens de la censure étant presque équivalens à ceux d'une répression trop faible, et une répression trop active pouvant équivaloir à la censure, ne nous fions, ni à la censure, ni à la répression, mais attachons-nous fortement à la prévention qui est, par sa nature, destinée à tenir entre les deux un milieu juste et satisfaisant.

Mais diront quelques personnes, l'opposition court

le risque d'être anéantie et ses organes réduits au silence, par l'introduction de votre systême de primes accordées aux journaux qui appuient le gouvernement, et refusées aux journaux de l'opposition qui auront encouru une condamnation judiciaire. Je leur répondrai, que, dans ce cas, le doublement du prix des journaux de l'opposition diminuera, il est vrai, le nombre de leurs abonnés, mais ne les empêchera pas d'en avoir assez pour les soutenir, ou du moins pour en soutenir un dans lequel les autres viendraient se fondre.

Si l'anéantissement de tous les journaux de l'opposition devait résulter du timbre de 25 centimes qu'ils auraient à payer sans remise, il faudrait alors, ou admettre des fractions de primes pour ces journaux, ou réduire ce timbre de telle sorte, qu'un journal de l'opposition, au moins dans les deux genres politiques et littéraires, pût se soutenir, parce que, l'opposition étant un des élémens nécessaires à l'existence pure des gouvernemens représentatifs, il serait subversif d'anéantir l'opposition des journaux, et ce n'est nullement mon intention. Si, au contraire, le timbre de 25 centimes était insuffisant pour contenir les journaux de l'opposition, il serait alors à propos de l'augmenter convenablement; cette augmentation profiterait d'autant aux écoles primaires et chrétiennes.

Le but du systême que je propose serait de forcer l'opposition à se renfermer dans ses bornes politiques et à cesser d'être hostile, révolutionnaire, grossière et calomnieuse. Les vrais amis des lois soutiendront toujours un journal d'opposition, rédigé dans un esprit de sagesse et dans un sentiment d'attachement véritable, mais réfléchi, pour nos lois fondamentales et pour l'auguste dynastie légitime qui occupe le trône de France depuis tant de siècles.

Quant aux journaux d'opposition, tels que la plupart sont rédigés de nos jours, je conçois que, s'ils ne changeaient pas de ton, ils n'auraient bientôt plus assez d'abonnés pour pouvoir se soutenir; ils perdraient sans doute à l'admission d'un système qui prive de primes des journaux entachés de condamnations judiciaires; mais l'esprit public, en compensation, gagnerait infiniment à ce même système; et l'intérêt général ne doit-il point passer avant tout?

La chute de quelques journaux servirait d'exemple à de nouveaux entrepreneurs qui, pour réussir, s'attacheraient à éviter les écarts et les torts de leurs prédécesseurs : au surplus, n'y eût-il qu'un seul journal quotidien et politique d'opposition, il suffirait aux besoins de l'opinion publique; quand l'opposition est raisonnable et juste, elle trouve mille échos dans l'opinion même de ceux qui ne sont pas de l'opposition; c'est ainsi qu'elle produit le bien que l'on peut en attendre.

Mon intention n'est pas de profiter de la présente publication pour développer les avantages et les désavantages des journaux. Des orateurs et des publicistes en ont parlé assez en détail pour que l'opinion publique sache, à peu près, à quoi s'en tenir à ce sujet : je me bornerai à dire quelques mots sur deux faits bien reconnus par l'expérience.

Le premier, c'est que la liberté de la presse ou des journaux est souvent le mobile et toujours l'auxiliaire le plus puissant des révolutions et des révolutionnaires.

Le deuxième, c'est que le goût de la lecture des journaux s'étend de jour en jour, au point de devenir pour ainsi dire un besoin pour ceux qui sont en état d'en payer l'abonnement ou la lecture.

Pour le premier fait, maîtriser le plus puissant auxiliaire des révolutions, ce serait en quelque sorte les prévenir. Les révolutionnaires ont, dans tous les temps, gardé les plus grands ménagemens pour *leurs journaux*. On peut regarder la modicité du timbre qui leur est imposé comme un reliquat de révolution ; que ce timbre reste modique, soit ; mais au moins que ce ne soit que conditionnellement, c'est-à-dire sauf le cas d'abus. Un système de primes à la disposition du pouvoir judiciaire, est le frein que l'on peut opposer avec succès aux dangereux écarts des journaux. En rendant la justice l'arbitre de la liberté de la presse, on pourra prévenir les révolutions populaires ou militaires, ou tout à la fois militaires et populaires, parce que l'opinion publique ne peut désirer de garantie plus respectable que celle de la justice. La justice est par sa nature exempte d'ambition, puisque l'ambition est presque toujours compagne de l'injustice, excepté toutefois cette noble ambition qui n'a d'autre but que la perfection des institutions politiques ou la réforme possible des abus : en admettant même l'hypothèse de l'ambition du pouvoir judiciaire, ne serait-elle pas facilement réprimée par le droit qu'a le Roi de faire grâce, ou par l'influence législative des deux Chambres? La justice ayant constamment pour elle l'opinion publique, les révolutionnaires, privés des moyens de corrompre l'opinion à cause de l'opposition de la justice, ne sauraient plus réussir dans l'exécution de leurs projets ambitieux.

La considération et l'éclat moral, qui conviennent si bien à la magistrature, s'augmenteraient en raison de l'importante et belle prérogative qu'elle aurait de régner pour ainsi dire sur l'opinion publique et de pouvoir ramener son expression aux principes éternels de la justice.

C'est ainsi qu'on a vu autrefois les parlemens défendre avec succès tantôt le trône et tantôt les libertés publiques. Il ne leur a peut-être manqué, pour prévenir la révolution française, que d'avoir à leur disposition un bon système de prévention contre les abus de la presse : les réformes se seraient réalisées par l'influence d'une expression sage de l'opinion publique et non par les secousses terribles qui les ont obtenues.

En définitive, je pense qu'il n'est pas à redouter que la police des journaux, confiée aux mains de magistrats inamovibles, éclairés et religieux, prenne un caractère de censure contraire à une sage liberté de la presse.

Quant au deuxième fait, la multiplicité des journaux politiques ou littéraires, l'accroissement progressif du nombre des lieux publics où l'on peut en faire une lecture générale moyennant une modique rétribution ; l'usage des cafés et d'autres établissemens de ce genre d'offrir gratuitement un ou plusieurs journaux à lire à leurs habitués ; tous ces faits, dis-je, prouvent assez le goût du public pour la lecture des journaux. L'esprit public s'en fait une nourriture journalière qui exerce sur lui la plus grande influence : il deviendra bon ou mauvais, suivant que ses lectures l'auront pénétré de l'esprit de sagesse et de vérité, ou de l'esprit de sophisme et de turbulence.

Il est particulièrement digne de remarque que la jeunesse française, à son entrée dans le monde, se trouve exposée de mille manières à recevoir des premières impressions politiques qui, quoique fausses, n'en sont pas moins durables et difficiles à effacer de son esprit, à l'instar des premières impressions de toute nature qu'elle est susceptible de recevoir, et cela avec d'autant plus de facilité qu'elles lui sont faites avec une flatterie étudiée et perfide. Quelle fatale imprévoyance il y aurait à laisser ainsi fausser moralement les générations nouvelles !

Il est donc de la plus haute importance de s'assurer la direction de la liberté de la presse, puisqu'elle est le levier de l'opinion publique.

Malheur aux gouvernemens et surtout aux souverains qui, pour faire jouir les peuples de ce qu'on appelle la liberté de la presse, s'exposent, sans précaution, aux funestes effets de la licence des écrivains ! La licence de la presse, quand elle ne peut sapper des institutions politiques, consolidées par le temps, parvient infailliblement à corrompre la morale publique et religieuse : or, quand cette double morale est presque anéantie dans une nation, il ne faut plus qu'une étincelle révolutionnaire pour occasioner un embrâsement politique auquel les anciennes institutions ne peuvent plus résister.

Les gouvernemens représentatifs, en voulant éviter l'emploi de la censure, ont fait des lois préventives et répressives qui devaient avoir pour résultat de garantir la liberté de la presse des pernicieuses atteintes de la licence. Les faits démontrent que ces lois sont imparfaites, puisque la licence nous fait journellement entendre ses funestes accens, en bravant quelques condamnations judiciaires peu nombreuses, dont elle subit les peines, non-seulement sans se décourager, mais encore en cherchant à étendre ses progrès.

En France, frappés d'un pareil désordre, des amis de l'ordre seraient tentés d'invoquer la censure, mais en réfléchissant qu'avec une censure permanente il n'existe plus de gouvernement représentatif ; qu'admettre la censure, c'est ouvrir la porte à une foule d'abus capables de faire regretter les sages libertés publiques; en y réfléchissant, dis-je, et ne désespérant pas encore de la possibilité des gouvernemens représentatifs, ils se résument à demander à leur gouvernement des lois fortes contre la licence et indulgentes envers une sage liberté, des lois propres à encourager le bien et à décourager le mal.

Pour que ces lois soient fortes et frappent juste,

mon avis est qu'elles doivent reposer dans leur exécution sur les mêmes bases que la justice. Justice politique, pour les nations civilées, peut être considérée comme synonyme de perfection politique.

L'organisation de la justice, chez les diverses nations, est en effet l'institution qui se ressent le moins de l'imperfection des ouvrages de l'homme : recourons donc au pouvoir judiciaire en définitive, comme à ce que nous avons de mieux; et, en adoptant pour juges de nos loix faites et à faire sur la liberté de la presse des magistrats inamovibles, éclairés et religieux, nous atteindrons la perfection politique et morale possible à nos sociétés modernes.

J'avais eu primitivement l'idée de rendre le gouvernement l'arbitre des abus de la presse; j'ai dû y renoncer pour deux raisons : la première, c'est qu'elle n'est pas conforme au droit public et qu'elle n'eût pas eu l'approbation des sévères légistes : la seconde, c'est que, dans cette hypothèse, un gouvernement se trouvant juge et partie, il fallait le supposer juge impartial et juste dans sa propre cause. Or tous les gouvernemens, comme tous les souverains, n'étant pas également bons, un gouvernement despotique, usurpateur ou révolutionnaire n'aurait pas manqué d'abuser de l'arbitrage remis entre ses mains : il aurait favorisé de la prime les écrivains dévoués à ses intérêts et l'aurait refusée à des écrivains courageux qui n'auraient usé qu'avec une sage indépendance de la liberté de la presse. La disposition de la prime eût donc été, ainsi, une arme à deux tranchans dont un bon gouvernement se serait servi avec modération, mais dont un mauvais gouvernement aurait infailliblement abusé.

Telles sont les raisons qui m'ont décidé à indiquer de préférence pour arbitres la Chambre des Pairs et le pouvoir judiciaire : le pouvoir judiciaire, exercé par des magistrats inamovibles, comme offrant le plus de garanties morales et politiques pour le jugement impartial des délits relatifs à la liberté de la presse : La Chambre des Pairs, concurremment avec le pouvoir judiciaire, pour l'application convenable à la tendance des journaux de la peine de la suppression de la prime.

Nota. *La proposition en six articles, qui est le motif de cet Écrit, est remise depuis quelques jours sous forme de pétition à la Chambre des Pairs.*

www.ingramcontent.com/pod-product-compliance
Lightning Source LLC
Chambersburg PA
CBHW071423060426
42450CB00009BA/1985